일빵빵 어학연구소 지음

일빵빵
한글로
배우는

**한글만 따라 읽으면
중국어 기초 완성!**

중국어
왕초보 편

토마토
출판사

일빵빵
한글로 배우는 중국어 왕초보 편

2019년 1월 2일 초판 1쇄 발행

지 은 이 ㅣ 일빵빵어학연구소
감　　수 ㅣ 이학당(李学堂)
펴 낸 이 ㅣ 일빵빵어학연구소
기획편집 ㅣ 김연중
디 자 인 ㅣ 이가민 정인호
마 케 팅 ㅣ 차현지 최은성
펴 낸 곳 ㅣ 일빵빵어학연구소
주　　소 ㅣ 경기도 파주시 파주출판단지 회동길 216 2층
T E L ㅣ 1544-5383
홈 페 이 지 ㅣ www.tomato-books.com
E - mail ㅣ support@tomato4u.com
등　　록 ㅣ 2012. 1. 1.

일·빵·빵 한글로 배우는 중국어

왕초보 편

일빵빵어학연구소 지음

토마토
출판사

일·빵·빵 한글로 배우는 **중국어**
왕초보 편은

▶ 인터넷과 스마트폰을 활용하여 언제, 어디서나 쉽게 공부할 수 있습니다.

▶ 초보자의 눈높이에 딱 맞는 필수 기초 동사만 모았습니다.

▶ 한글로 발음을 표기하여 중국어 발음과 기본 문장 표현을 쉽고 빠르게 습득할 수 있습니다.

일빵빵의 모든 강의는 Let's 일빵빵 어플을 통해 들을 수 있습니다

스마트폰의 앱스토어 또는 플레이스토어에서
"일빵빵"을 검색해서 "Let's 일빵빵" 앱을 설치 후 청취하세요.

일빵빵 공식 페이스북 | www·facebook·com/ilbangbang
일빵빵 공식 트위터 | www·twitter·com/ilbangbang
일빵빵 공식 인스타그램 | '일빵빵' 검색
일빵빵 공식 카카오스토리채널 | '일빵빵' 검색
일빵빵 공식 유튜브채널 | '일빵빵' 검색

* 2019년부터 어플 운영 사정상 일빵빵 강의는 유료 청취로 전환될 수 있습니다.

이 책의 주요 내용 소개

✎ 학습 목표

자주 사용되는 중국어 기초 동사와 명사들을 배합하여 기초 회화 표현을 습득하고,
한글로 표현 된 발음을 따라 읽으며 중국어 성조, 발음을 익힐 수 있습니다.

✎ 학습 방향

✎ 1부 동사 익히기

    1. 기본 문장   동사 + ……

    2. 부정문   不 + 동사 + ……

    3. 과거문   동사 + …… 了

    3. 의문문   동사 + …… 吗? / 동사 + …… 了吗?

✎ 2부 명사 및 표현 플러스

    1. 함께 쓰는 명사

    2. 명사를 넣어 문장 만들기

이 책의 주요 내용 소개

✎ 핵심 표현

: 부정문 :

bù 뿌↘   /   ~이 아니다

不要 búyào 부↗야↘오

* 원래 不는 4성이지만, 뒤에 오는 단어의 첫 음절이 4성일 경우,
표기와 발음 모두 2성으로 변합니다.

: 의문문 :

ma 마   /   ~야?

의문(?)을 나타냅니다.

: 과거의문문 :

lema 러마   /   ~이었어?

과거의 의문(?)을 나타냅니다.

✒ 발음 표현

중국어 발음과 최대한 비슷하게 한글로 발음을 표기했습니다.

성모		발음 표현 방식
zhi	즐r	
chi	츨r	알파벳 'r'을 발음하듯, 혀를 입천장으로 말아 올리며 발음해 주세요.
shi	슬r	이 때, 입천장과 혀 사이를 약간 떼어 바람 빠지는 소리가 미세하게 느낄 수 있어야 합니다.
ri	르r	
er	얼r	
ü	위	입을 동그랗게 유지하며 '위' 소리를 내 주세요.
fo	f오	알파벳 'f'를 발음하듯, 윗니로 아랫입술을 살짝 깨물며 발음해 주세요

* 성조 표기 3성+3성일 때, 'ˇ+ˇ' 앞의 3성을 2성으로 발음하지만,
표기는 3성으로 해야 합니다. 이 경우, 책에서는 'ˊ+ˇ'로 표기했습니다.

일·빵·빵 한글로 배우는 중국어 왕초보 편

CONTENTS

CONTENTS

일·빵·빵 한글로 배우는 중국어

왕초보 편

중국어 기초 동사로 기본 회화 익히기

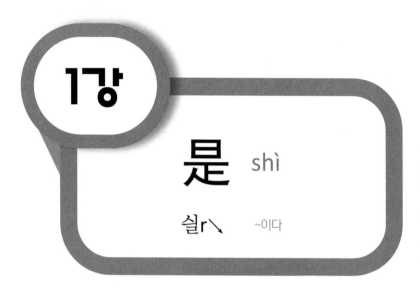

1강

是 shì

실r＼   ~이다

1 동사 익히기

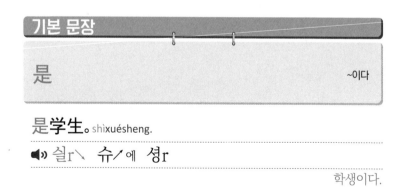

기본 문장

是   ~이다

是学生。 shìxuésheng.

◀» 실r＼ 슈╱에 셩r

학생이다.

不 + 是   ~이 아니다

不是学生。 búshìxuésheng.

◀» 부╱ 실r╲ 슈╱에 셩r

학생이 아니다.

是 + ······ 吗?   ~이야?

是学生吗? shìxuéshengma?

◀» 실r╲ 슈╱에 셩r 마?

학생이야?

2 명사 및 표현 플러스

1. 함께 쓰는 명사

是
(실r↘)
+

兄弟	형제	xiōngdì	씨→옹 띠↘
男朋友	남자친구	nánpéngyou	난↗ 펑↗요우
女朋友	여자친구	nǔpéngyou	뉘∨ 펑↗요우
丈夫	남편	zhàngfu	짱r↘ f우
妻子	아내	qīzi	치→쯔
夫妻	부부	fūqī	f우→ 치→
面条	국수	miàntiáo	미↘엔 티↗아오
生日	생일	shēngrì	셩r→ 르r↘
冰水	냉수	bīngshuǐ	삥→ 슈r∨웨이
热水	온수	rèshuǐ	르r↘어 슈r∨웨이

2. 명사를 넣어 문장 만들기

아래 명사 박스에 왼쪽 페이지의 명사를 넣어 읽어 봅시다.

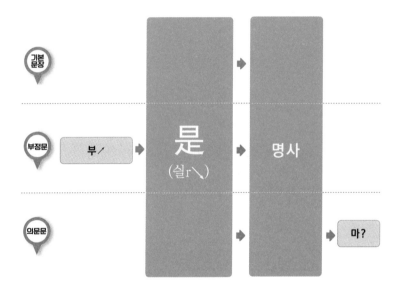

:연습하기: 아래 문장을 중국어로 말해보세요.

1. 아내야?

2. 부부 아니야.

3. 온수(따듯한 물)이야.

4. 국수야?

1 동사 익히기

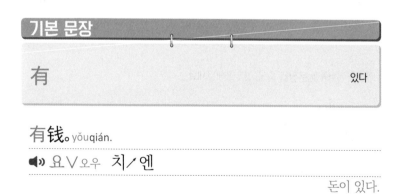

기본 문장	
有	있다

有钱。 yǒuqián.

🔊 요∨오우 치╱엔

돈이 있다.

부정문

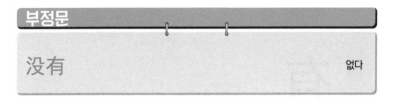

没有 없다

没有**钱**。méiyǒuqián.

🔊 메╱이 요∨오우 치╱엔

돈이 없다.

의문문

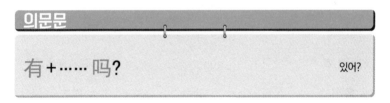

有+…… 吗? 있어?

有钱吗? yǒuqiánma?

🔊 요∨오우 치╱엔 마?

돈이 있어?

2 명사 및 표현 플러스

1. 함께 쓰는 명사

有 +
(요∨오우)

朋友	친구	péngyou	펑╱요우
男朋友	남자친구	nánpéngyou	난╱ 펑╱요우
女朋友	여자친구	nǚpéngyou	뉘∨ 펑╱요우
袋子	봉지	dàizi	따╲이쯔
手机	핸드폰	shǒujī	쇼r∨우 찌→
书	책	shū	슈r→
时间	시간	shíjiān	실r╱ 찌→엔
签证	비자	qiānzhèng	치→엔 쩡r╲
护照	여권	hùzhào	후╲ 짜r╲오
手表	손목시계	shǒubiǎo	쇼r╱우 비아∨오

18

2. 명사를 넣어 문장 만들기

아래 명사 박스에 왼쪽 페이지의 명사를 넣어 읽어 봅시다.

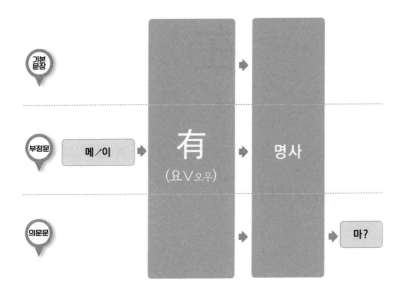

:연습하기: 아래 문장을 중국어로 말해보세요.

1. 책이 없다.

2. 손목시계 있어?

3. 핸드폰 있어.

4. 봉지 없어?

3강

在 zài

짜↘이   ~에 있다

1 동사 익히기

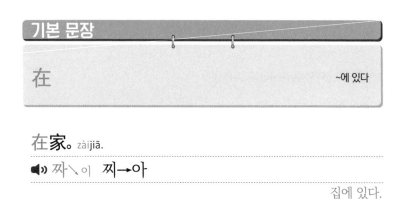

기본 문장

在   ~에 있다

在家。 zàijiā.

🔊 짜↘이 찌→아

집에 있다.

不+在　　　　　　　　　　~에 안 있다

不在家。búzàijiā.

◀》 부ノ 짜\이 찌→아

집에 안 있다.

在+……吗?　　　　　　　　~에 있어?

在家吗? zàijiāma?

◀》 짜\이 찌→아 마?

집에 있어?

2 명사 및 표현 플러스

1. 함께 쓰는 명사

在
(짜\이)
+

中国	중국	zhōngguó	쫑r→ 구╱어
韩国	한국	hánguó	한╱ 구╱어
日本	일본	rìběn	르r\ 번∨
公园	공원	gōngyuán	꽁→ 위╱엔
公司	회사	gōngsī	꽁→ 스→
酒店	호텔	jiǔdiàn	지∨어우 띠\엔
办公室	사무실	bàngōngshì	빤\ 꽁→ 실r\
地铁站	지하철역	dìtiězhàn	띠\ 티∨에 짠r\
汽车站	버스 정류장	qìchēzhàn	치\ 츠r→어 짠r\
机场	공항	jīchǎng	찌→ 창r∨

22

2. 명사를 넣어 문장 만들기

아래 명사 박스에 왼쪽 페이지의 명사를 넣어 읽어 봅시다.

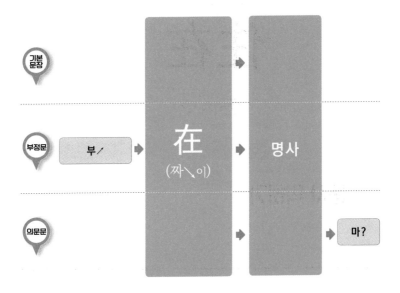

:연습하기: 아래 문장을 중국어로 말해보세요.

1. 사무실에 없어.

2. 회사에 있어.

3. 공원에 없어.

4. 버스 정류장에 있어?

4강

住在 zhùzài

쭈\짜\이 ~에서 살다

1 동사 익히기

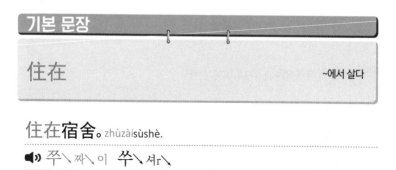

기본 문장

住在   ~에서 살다

住在宿舍。zhùzàisùshè.

🔊 쭈\짜\이 쑤\셔r\

기숙사에서 살다.

不 + 住在

~에서 안 살다

不住在宿舍。búzhùzàisùshè.

🔊 부╱ 쭈╲ 짜╲ 이 쑤╲ 셔r╲

기숙사에서 안 살다.

住在 + …… 吗?

~에서 살아?

住在宿舍吗? zhùzàisùshèma?

🔊 쭈╲ 짜╲ 이 쑤╲ 셔r╲ 마?

기숙사에서 살아?

2 명사 및 표현 플러스

1. 함께 쓰는 명사

住在 +
(쭈↘짜↘이)

北京	북경	běijīng	베∨이 찡→
上海	상해	shànghǎi	샹r↘ 하∨이
首尔	서울	shǒuˌěr	쇼r↗우 얼r∨
金浦	김포	jīnpǔ	찐→ 푸∨
釜山	부산	fǔshān	f∨우 샨r→
仁川	인천	rénchuān	런r↗ 추r→안
美国	미국	měiguó	메∨이 구↗어
德国	독일	déguó	뜨↗어 구↗어
英国	영국	yīngguó	잉→ 구↗어
加拿大	캐나다	jiānádà	찌→아 나↗ 따↘

2. 명사를 넣어 문장 만들기

아래 명사 박스에 왼쪽 페이지의 명사를 넣어 읽어 봅시다.

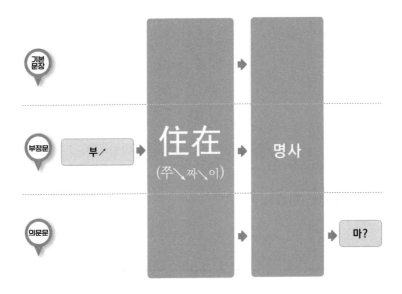

:연습하기: 아래 문장을 중국어로 말해보세요.

1. 상해에 살아.

2. 영국에 살아?

3. 독일에 안 살아.

4. 김포에 살아?

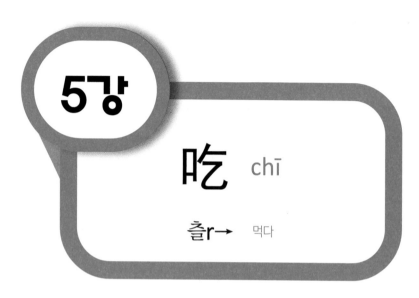

5강

吃 chī

츨r→ 먹다

1 동사 익히기

기본 문장

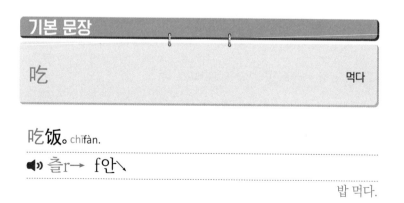

吃

먹다

吃饭。 chīfàn.

◀» 츨r→ f안ゝ

밥 먹다.

부정문

不 + 吃   안 먹다

不吃饭。 bùchīfàn.

◀» 뿌╲ 츨r→ f안╲

밥 안 먹다.

의문문

吃 + ······ 吗?   먹어?

吃饭吗? chīfànma?

◀» 츨r→ f안╲ 마?

밥 먹어?

2 명사 및 표현 플러스

1. 함께 쓰는 명사

吃 +

(츨r→)

盖饭	덮밥	gàifàn	까＼이 f안＼
牛排	소갈비	niúpái	니／우 파／이
五花肉	삼겹살	wǔhuāròu	우∨ 후→아 로r＼우
大酱汤	된장찌개	dàjiàngtāng	따＼ 찌＼앙 탕→
泡菜	김치	pàocài	파＼오 차＼이
炸鸡	치킨	zhájī	쟈r／ 찌→
生鱼片	회	shēngyúpiàn	셩r→ 위／ 피＼엔
土豆汤	감자탕	tǔdòutāng	투∨ 또＼우 탕→
泡菜汤	김치찌개	pàocàitāng	파＼오 차＼이 탕→
炒年糕	떡볶이	chǎoniángāo	차r∨오 니／엔 까→오

2. 명사를 넣어 문장 만들기

아래 명사 박스에 왼쪽 페이지의 명사를 넣어 읽어 봅시다.

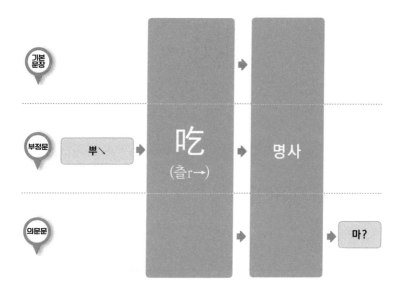

:연습하기: 아래 문장을 중국어로 말해보세요.

1. 삼겹살 안 먹어.

2. 감자탕 먹어?

3. 김치찌개 먹어.

4. 덮밥 안 먹어.

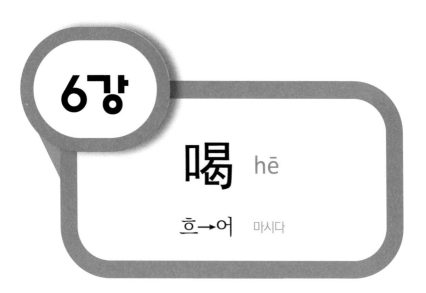

6강

喝 hē

흐→어 마시다

1 동사 익히기

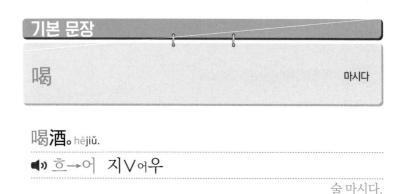

기본 문장

喝 마시다

喝酒。hējiǔ.

흐→어 지∨어우

술 마시다.

不 + 喝   안 마시다

不喝酒。 bùhējiǔ.

◀» 뿌↘ 흐→어 지∨어우

술 안 마시다.

喝 + …… 吗?   마셔?

喝酒吗? hējiǔma?

◀» 흐→어 지∨어우 마?

술 마셔?

2 명사 및 표현 플러스

1. 함께 쓰는 명사

可乐	콜라	kélè	크╱어 러╲
雪碧	사이다	xuěbì	슈∨에 삐╲
水	물	shuǐ	슈r∨웨이
茶	차	chá	차r╱
咖啡	커피	kāfēi	카→ f에→이
拿铁	라테	nátiě	나╱ 티∨에
白酒	고량주	báijiǔ	바╱이 지∨어우
清酒	사케	qīngjiǔ	칭→ 지∨어우
香槟(酒)	샴페인	xiāngbīn	씨→앙 빈→
粥	죽	zhōu	쪼r→우

2. 명사를 넣어 문장 만들기

아래 명사 박스에 왼쪽 페이지의 명사를 넣어 읽어 봅시다.

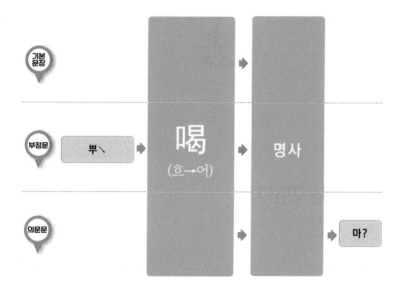

:연습하기: 아래 문장을 중국어로 말해보세요.

1. 샴페인 마셔?

2. 차 마셔.

3. 고량주 마셔?

4. 콜라 안 마셔.

7강

去 qù

취 \ 가다

1 동사 익히기

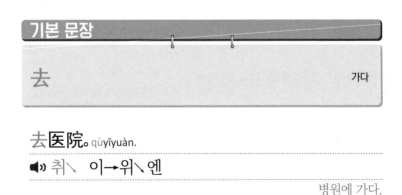

기본 문장

去 가다

去医院。qùyīyuàn.

◀) 취 \ 이→위 \ 엔

병원에 가다.

不 + 去　　　　　　　　　　안 가다

不去医院。búqùyīyuàn.

◀» 부／ 취＼ 이→위＼ 엔

병원에 안 가다.

去 + …… 吗?　　　　　　　가?

去医院吗? qùyīyuànma?

◀» 취＼ 이→위＼ 엔 마?

병원에 가?

2 명사 및 표현 플러스

1. 함께 쓰는 명사

去
(취\)

+

旅行	여행	lǚxíng	뤼∨ 싱↗
度假	리조트	dùjià	뚜\ 찌\아
机场	공항	jīchǎng	찌→ 창r∨
上课	수업	shàngkè	샹r\ 크\어
酒吧	술집	jiǔbā	지∨어우 빠→
超市	슈퍼마켓	chāoshì	차r→오 실r\
饭店	밥집	fàndiàn	f안\ 띠\엔
汽车站	버스 정류장	qìchēzhàn	치\ 츠r→어 짠r\
急诊室	응급실	jízhěnshì	지↗ 젼r∨ 실r\
派出所	파출소	pàichūsuǒ	파\이 추r→ 수∨어

2. 명사를 넣어 문장 만들기

아래 명사 박스에 왼쪽 페이지의 명사를 넣어 읽어 봅시다.

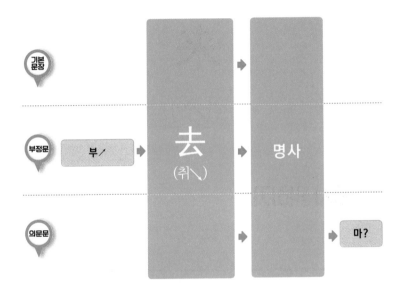

:연습하기: 아래 문장을 중국어로 말해보세요.

1. 슈퍼마켓에 가.

2. 수업 안 가.

3. 공항에 가?

4. 리조트에 가.

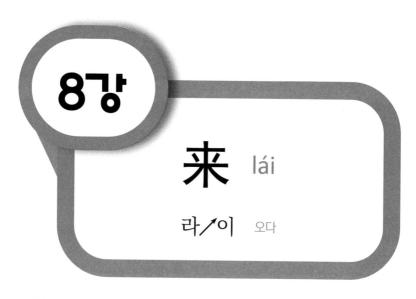

8강

来 lái

라／이 오다

1 동사 익히기

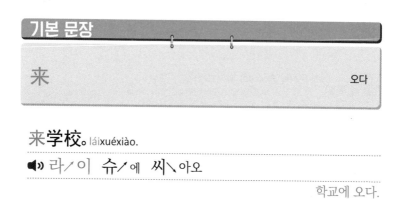

기본 문장

来

오다

来学校。láixuéxiào.

◀» 라／이 슈／에 씨＼아오

학교에 오다.

부정문

不 + 来   안 오다

不来学校。bùláixuéxiào.

◀》 뿌＼ 라／이 슈／에 씨＼아오

학교에 안 오다.

의문문

来 + …… 吗?   와?

来学校吗? láixuéxiàoma?

◀》 라／이 슈／에 씨＼아오 마?

학교에 와?

2 명사 및 표현 플러스

1. 함께 쓰는 명사

来
(라╱이)
+

健身房	헬스장	jiànshēnfáng	찌╲엔 션r→ f왕╱
留学	유학	liúxué	리╱우 슈╱에
我家	우리 집	wǒjiā	워∨ 찌→아
游乐场	놀이터	yóulèchǎng	요╱우 르╲어 창r∨
商店	상점	shāngdiàn	쌍r→ 띠╲엔
市场	시장	shìchǎng	실r╲ 창r∨
海边	해변	hǎibiān	하∨이 비→엔
饭馆	레스토랑	fànguǎn	f안╲ 구∨완
银行	은행	yínháng	인╱ 항╱
图书馆	도서관	túshūguǎn	투╱ 슈r→ 구∨완

2. 명사를 넣어 문장 만들기

아래 명사 박스에 왼쪽 페이지의 명사를 넣어 읽어 봅시다.

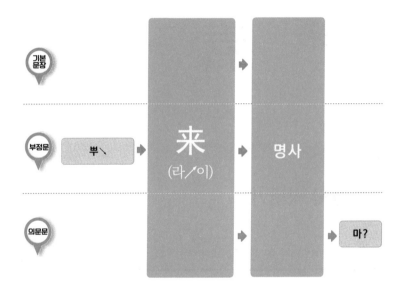

:연습하기: 아래 문장을 중국어로 말해보세요.

1. 레스토랑에 와.

2. 우리 집에 안 와.

3. 헬스장에 와?

4. 유학 와.

9강

看 kàn

칸ˋ 보다

1 동사 익히기

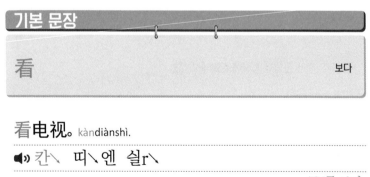

기본 문장

看 보다

看电视。 kàndiànshì.

◀ 칸ˋ 띠ˋ엔 실rˋ

TV를 보다.

44

不 + 看   안 보다

不看电视。 búkàndiànshì.

◀》 부／ 칸＼ 띠＼엔 실r＼

TV를 안 보다.

看 + …… 吗?   봐?

看电视吗? kàndiànshìma?

◀》 칸＼ 띠＼엔 실r＼ 마?

TV 봐?

2 명사 및 표현 플러스

1. 함께 쓰는 명사

看
(칸↘)
+

表演	공연	biǎoyǎn	비╱아오 옌∨
京剧	경극	jīngjù	찡→ 쮜↘
新闻	뉴스	xīnwén	씬→ 원╱
马戏	서커스	mǎxì	마∨ 씨↘
夜景	야경	yèjǐng	예↘ 찡∨
视频	영상	shìpín	실r↘ 핀╱
画	그림	huà	후↘아
地图	지도	dìtú	띠↘ 투╱
照片	사진	zhàopiàn	짜r↘오 피↘엔
手机	핸드폰	shǒujī	쇼r∨우 찌→

2. 명사를 넣어 문장 만들기

아래 명사 박스에 왼쪽 페이지의 명사를 넣어 읽어 봅시다.

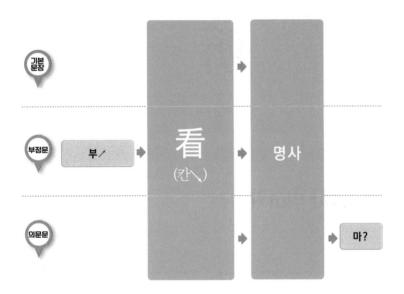

:연습하기: 아래 문장을 중국어로 말해보세요.

1. 공연 안 봐.

2. 뉴스 봐.

3. 지도 봐?

4. 핸드폰 안 봐.

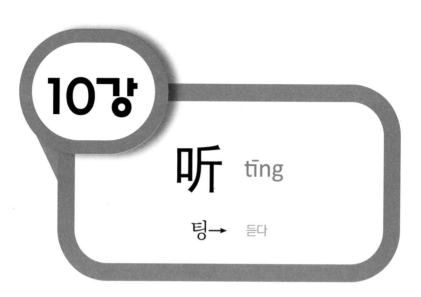

10강

听 tīng

팅→ 듣다

1 동사 익히기

기본 문장

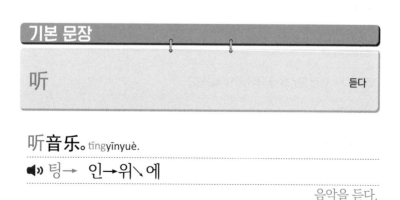

听 듣다

听音乐。tīngyīnyuè.

🔊 팅→ 인→위↘에

음악을 듣다.

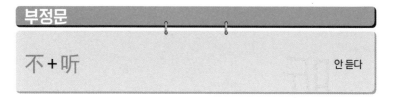

不 + 听 안 듣다

不听音乐。bùtīngyīnyuè.

🔊 뿌＼ 팅→ 인→위＼에

음악을 안 듣다.

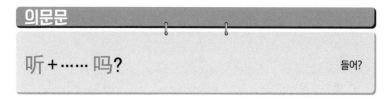

听 + …… 吗? 들어?

听音乐吗? tīngyīnyuèma?

🔊 팅→ 인→위＼에 마?

음악 들어?

2 명사 및 표현 플러스

1. 함께 쓰는 명사

听
(팅→)

+

课	수업	kè	크↘어
消息	소식	xiāoxi	씨→아오시
话	말	huà	후↘아
广播	방송	guǎngbō	구∨앙 뽀→어
广告	광고	guǎnggào	구∨앙 까↘오
噪音	소음	zàoyīn	짜↘오 인→
雨声	빗소리	yǔshēng	위∨ 셩r→
雷声	천둥소리	léishēng	레╱이 셩r→
电台	라디오	diàntái	띠↘엔 타╱이
铃声	벨소리	língshēng	링╱ 셩r→

2. 명사를 넣어 문장 만들기

아래 명사 박스에 왼쪽 페이지의 명사를 넣어 읽어 봅시다.

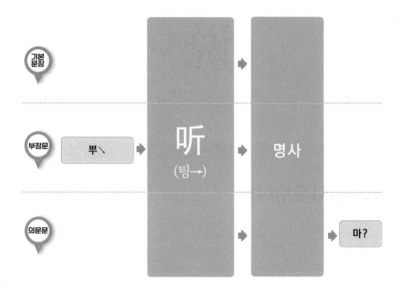

:연습하기: 아래 문장을 중국어로 말해보세요.

1. 벨소리 안 들어.

2. 라디오 들어?

3. 수업 들어.

4. 말 들어.

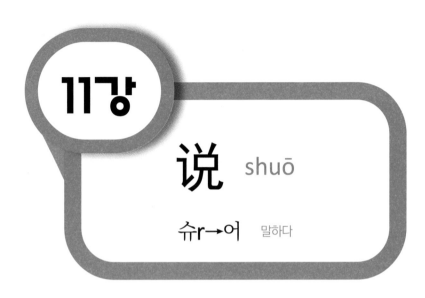

11강

说 shuō

슈r→어   말하다

1 동사 익히기

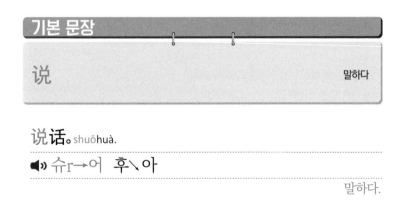

기본 문장

说   말하다

说话。shuōhuà.

🔊 슈r→어 후\아

말하다.

부정문

不 + 说   말 안 하다

不说话。bùshuōhuà.

◀》 뿌↘ 슈r→어 후↘아

말 안 하다.

의문문

说 + …… 吗?   말해?

说话吗? shuōhuàma?

◀》 슈r→어 후↘아 마?

말해?

2 명사 및 표현 플러스

1. 함께 쓰는 명사

说
(슈r→어)

句子	문장	jùzi	쥐↘ 쯔
单词	단어	dāncí	딴→ 츠↗
汉语	중국어	hànyǔ	한↘ 위∨
韩语	한국어	hányǔ	한↗ 위∨
日语	일본어	rìyǔ	르r↘ 위∨
英语	영어	yīngyǔ	잉→ 위∨
名字	이름	míngzi	밍↗쯔
内容	내용	nèiróng	네↘이 롱r↗
几句话	몇 마디	jǐjùhuà	지∨ 쥐↘ 후↘아
地址	주소	dìzhǐ	띠↘ 즐r∨

2. 명사를 넣어 문장 만들기

아래 명사 박스에 왼쪽 페이지의 명사를 넣어 읽어 봅시다.

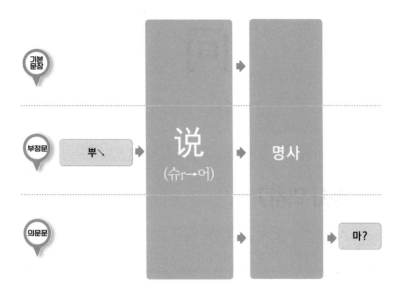

:연습하기: 아래 문장을 중국어로 말해보세요.

1. 문장을 말해.

2. 주소를 말 안해.

3. 이름 말해?

4. 중국어 말 안해.

12강

问 wèn

원↘ 묻다(물어보다)

1 동사 익히기

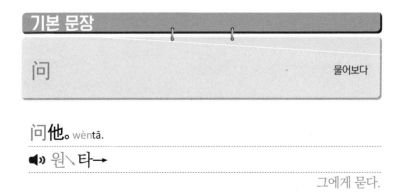

기본 문장

问 물어보다

问他。wèntā.

◀) 원↘ 타→

그에게 묻다.

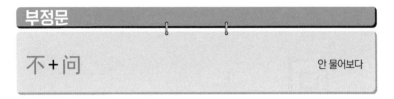

부정문

不 + 问   안 물어보다

不问他。búwèntā.

◀» 부／ 원＼ 타→

                  그에게 안 물어보다.

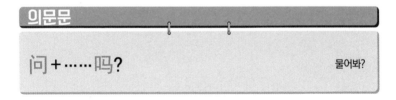

의문문

问 + ……吗?   물어봐?

问他吗? wèntāma?

◀» 원＼ 타→ 마?

                  그에게 물어봐?

2 명사 및 표현 플러스

1. 함께 쓰는 명사

问 +

(원↘)

别人	타인	biéren	비╱에 런r
消息	소식	xiāoxi	씨→아→오시
妈妈	엄마	māma	마→마
爸爸	아빠	bàba	빠↘바
老师	선생님	lǎoshī	라∨오 실r→
作业	숙제	zuòyè	쭈↘어 예↘
题目	제목	tímù	티╱무↘
问题	문제	wèntí	원↘티╱
号码	번호	hàomǎ	하↘오 마∨
名字	이름	míngzi	밍╱쯔

2. 명사를 넣어 문장 만들기

아래 명사 박스에 왼쪽 페이지의 명사를 넣어 읽어 봅시다.

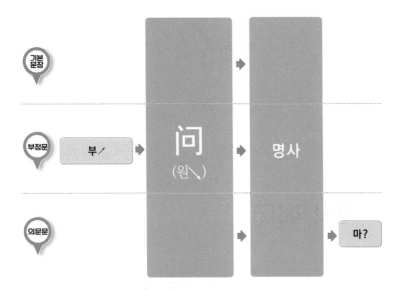

:연습하기: 아래 문장을 중국어로 말해보세요.

1. 아빠에게 물어봐.

2. 제목 물어봐?

3. 소식 안 물어봐.

4. 숙제 물어봐.

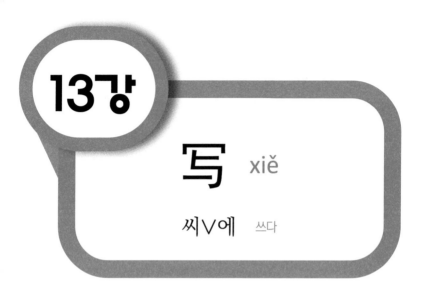

13강

写 xiě

씨∨에 쓰다

1 동사 익히기

기본 문장

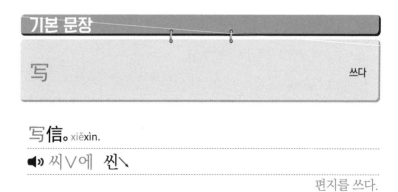

写 쓰다

写信。 xiěxìn.

◀)) 씨∨에 씬＼

편지를 쓰다.

不 + 写   안 쓰다

不写信。 bùxiěxìn.

◀» 뿌﹨ 씨∨에 씬﹨

편지를 안 쓰다.

写 + ……吗?   써?

写信吗? xiěxìnma?

◀» 씨∨에 씬﹨ 마?

편지 써?

2 명사 및 표현 플러스

1. 함께 쓰는 명사

写 +

(씨∨에)

小说	소설	xiǎoshuō	씨∨아오 슈r→어
字	글자	zì	쯔╲
汉字	한자	hànzì	한╲쯔╲
日语	일본어	rìyǔ	르r╲ 위∨
英文	영문	yīngwén	잉→ 원╱
名字	이름	míngzi	밍╱쯔
数字	숫자	shùzì	슈r╲ 쯔╲
内容	내용	nèiróng	네╲이 롱r╱
诗	시	shī	실r →
歌词	가사	gēcí	끄→어 츠╱

2. 명사를 넣어 문장 만들기

아래 명사 박스에 왼쪽 페이지의 명사를 넣어 읽어 봅시다.

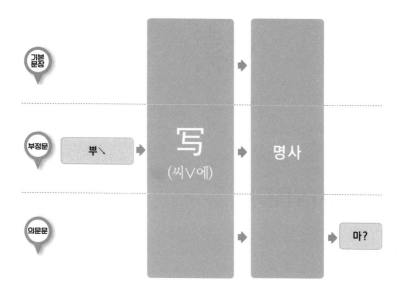

:연습하기: 아래 문장을 중국어로 말해보세요.

1. 소설 써.

2. 시 안 써.

3. 영문 써?

4. 한자 써?

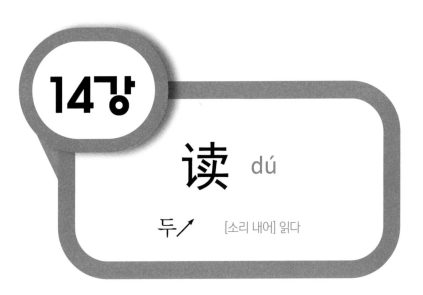

14강

读 dú

두↗   [소리 내어] 읽다

1 동사 익히기

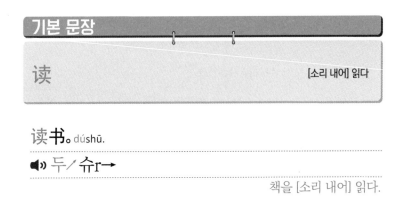

기본 문장

| 读 | [소리 내어] 읽다 |

读书。dúshū.

◀》 두↗ 슈r→

책을 [소리 내어] 읽다.

不 + 读

[소리 내어] 안 읽다

不读书。 bù dúshū.

◀》 뿌＼ 두／슈r→

책을 [소리 내어] 안 읽다.

读 + …… 吗?

[소리 내어] 읽어?

读书吗? dúshūma?

◀》 두／슈r→ 마?

책 [소리 내어] 읽어?

2 명사 및 표현 플러스

1. 함께 쓰는 명사

读
(두↗)
+

演说词	연설문	yǎnshuōcí	옌∨ 슈r→어 츠↗
报纸	신문	bàozhǐ	빠↘오 즐r∨
佛经	불경	fójīng	f오↗ 찡→
课本	교과서	kèběn	크↘어 번∨
文章	문장	wénzhāng	원↗ 짱r→
英文	영문	yīngwén	잉→ 원↗
平假名	히라가나	píngjiǎmíng	핑↗ 지∨아 밍↗
片假名	가타카나	piànjiǎmíng	피↘엔 지∨아 밍↗
诗	시	shī	슬r→
散文	가사	sǎnwén	싼∨ 원↗

2. 명사를 넣어 문장 만들기

아래 명사 박스에 왼쪽 페이지의 명사를 넣어 읽어 봅시다.

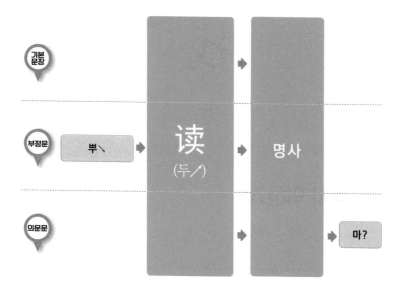

:연습하기: 아래 문장을 중국어로 말해보세요.

1. 가사 안 읽어.

2. 교과서 읽어?

3. 문장 읽어.

4. 신문 안 읽어.

15강

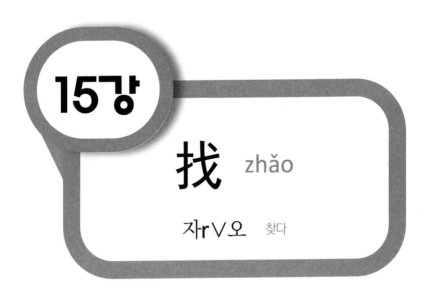

找 zhǎo

자r∨오 찾다

1 동사 익히기

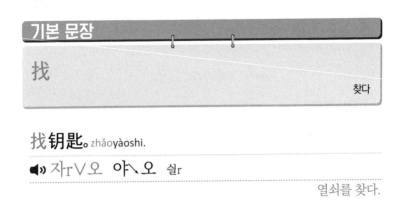

기본 문장	
找	찾다

找钥匙。zhǎo yàoshi.

◀» 자r∨오 야↘오 실r

열쇠를 찾다.

不 + 找

안 찾다

不找**钥匙**。bùzhǎoyàoshi.

🔊 뿌﹨ 자r∨오 야﹨오 쓸r

열쇠를 안 찾다.

找 + …… 吗?

찾아?

找**钥匙**吗?

🔊 자r∨오 야﹨오 쓸r 마?

열쇠 찾아?

2 명사 및 표현 플러스

1. 함께 쓰는 명사

找 + [   ]

(자r∨오)

顾客	손님 / 고객	gùkè	꾸＼ 크＼어
医生	의사	yīshēng	이→ 셩r→
护士	간호사	hùshi	후＼ 쉴r
便利店	편의점	biànlìdiàn	삐＼엔 리＼ 띠＼엔
医院	병원	yīyuàn	이→ 위＼엔
前台	안내데스크	qiántái	치／엔 타／이
地铁站	지하철역	dìtiězhàn	띠＼ 티∨에 짠r＼
车站	버스 정류장	chēzhàn	츠r→어 짠r＼
衣服	옷	yīfu	이→f우
裤子	바지	kùzi	쿠＼쯔

70

2. 명사를 넣어 문장 만들기

아래 명사 박스에 왼쪽 페이지의 명사를 넣어 읽어 봅시다.

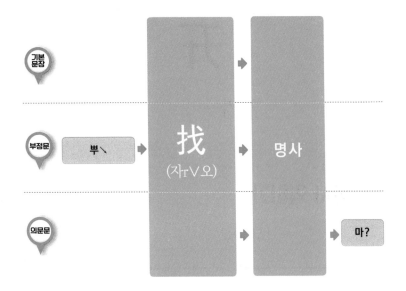

:연습하기: 아래 문장을 중국어로 말해보세요.

1. 손님 찾아요?

2. 병원 찾아.

3. 편의점 안 찾아.

4. 바지 찾아.

16강

开 kāi

카→이　열다 / 켜다

1 동사 익히기

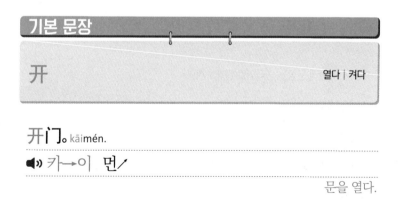

기본 문장

开　　　　　　　　　　　　　　열다 | 켜다

开门。kāimén.

◀》카→이　먼✓

문을 열다.

不 + 开

안 열다 | 안 켜다

不开门。 bùkāimén.

◀» 뿌╲ 카→이 먼╱

문을 안 열다.

开 + …… 吗?

열어? | 켜?

开门吗? kāiménma?

◀» 카→이 먼╱ 마?

문 열어?

2 명사 및 표현 플러스

1. 함께 쓰는 명사

开는 여러 의미로 사용됩니다.

1) 열다

店	점포	diàn	띠↘엔
公司	회사	gōngsī	꽁→ 쓰→
饭店	밥집	fàndiàn	f안↘ 띠↘엔
会议	회의	huìyì	후↘웨이 이↘
晚会	파티	wǎnhuì	완∨ 후↘웨이

2) 켜다

机	기계	jī	찌→
电脑	컴퓨터	diànnǎo	띠↘엔 나∨오
空调	에어컨	kōngtiáo	콩↘ 티╱아오
暖气	라디에이터	nuǎnqì	누∨안 치↘
灯	등	dēng	떵→

2. 명사를 넣어 문장 만들기

아래 명사 박스에 왼쪽 페이지의 명사를 넣어 읽어 봅시다.

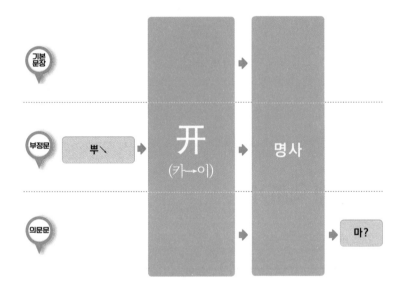

:연습하기: 아래 문장을 중국어로 말해보세요.

1. 회사를 열다.

2. 파티를 안 열다.

3. 에어컨 켜?

4. 컴퓨터 안 켜.

17강

爱 ài

아\이 사랑하다

1 동사 익히기

기본 문장		
爱		사랑하다

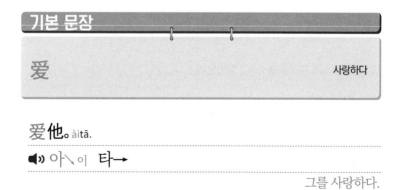

爱他。àitā.

🔊 아\이 타→

그를 사랑하다.

不 + 爱 　　　　　　　　　　　　　　안 사랑하다

不爱他。 búàitā.

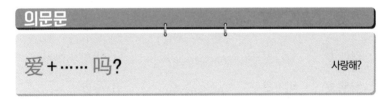 부╱ 아╲이 타→

그를 안 사랑하다.

爱 + …… 吗? 　　　　　　　　　　　사랑해?

爱他吗? àitāma?

아╲이 타→ 마?

그를 사랑해?

2 명사 및 표현 플러스

1. 함께 쓰는 명사

愛
(아ㄟ이) +

自己	자신	zìjǐ	쯔ㄟ 지V
你	너	nǐ	니V
男朋友	남자친구	nánpéngyou	난／ 펑／요우
女朋友	여자친구	nǚpéngyou	뉘V 펑／요우
丈夫	남편	zhàngfu	짱r＼f우
妻子	아내	qīzǐ	치→ 쯔V
儿子	아들	érzi	얼r／쯔
女儿	딸	nǚ'er	뉘V얼r
父母	부모님	fùmǔ	f우＼ 무V
孙女	손녀	sūnnǚ	쑨→ 뉘V

2. 명사를 넣어 문장 만들기

아래 명사 박스에 왼쪽 페이지의 명사를 넣어 읽어 봅시다.

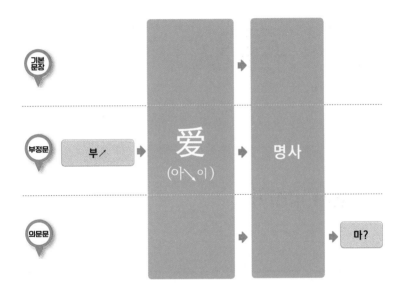

:연습하기: 아래 문장을 중국어로 말해보세요.

1. 남편을 사랑해.

2. 자신을 안 사랑해.

3. 부모님을 사랑해.

4. 아내를 사랑해?

18강

喜欢 xǐhuan

시∨환 좋아하다

1 동사 익히기

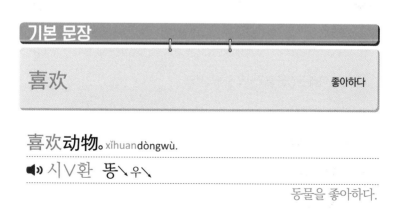

기본 문장

喜欢	좋아하다

喜欢**动物**。xǐhuandòngwù.

🔊 시∨환 뚱↘우↘

동물을 좋아하다.

不 + 喜欢

안 좋아하다

不喜欢**动物**。bùxǐhuandòngwù.

◀» 뿌＼ 시∨환 똥＼우＼

동물을 안 좋아하다.

喜欢 + ······ 吗?

좋아해?

喜欢**动物**吗? xǐhuandòngwùma?

◀» 시∨환 똥＼우＼ 마?

동물 좋아해?

2 명사 및 표현 플러스

1. 함께 쓰는 명사

喜欢 +
(시∨환)

狗	개	gǒu	끄∨어우
猫	고양이	māo	마→오
学习	공부	xuéxí	슈╱에 씨╱
游泳	수영	yóuyǒng	요╱우 용∨
喝酒	음주	hējiǔ	흐→어 지∨어우
看书	책 읽기	kànshū	칸╲ 슈r→
看电影	영화 보기	kàndiànyǐng	칸╲ 띠╲엔 잉∨
旅行	여행	lǚxíng	뤼∨ 씽╱
逛街	쇼핑	guàngjiē	꾸╲앙 찌→에
运动	운동	yùndòng	윈╲ 똥╲

2. 명사를 넣어 문장 만들기

아래 명사 박스에 왼쪽 페이지의 명사를 넣어 읽어 봅시다.

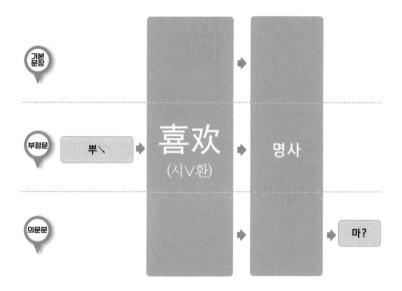

:연습하기: 아래 문장을 중국어로 말해보세요.

1. 음주를 안 좋아해.

2. 고양이 좋아해.

3. 책 읽기를 안 좋아해.

4. 운동 좋아해?

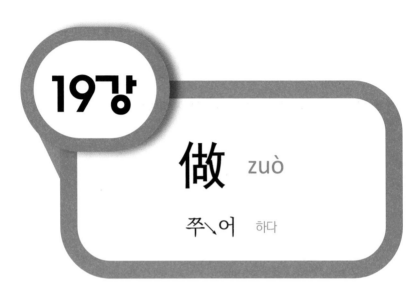

19강

做 zuò

쭈\어 하다

1 동사 익히기

기본 문장

做   하다

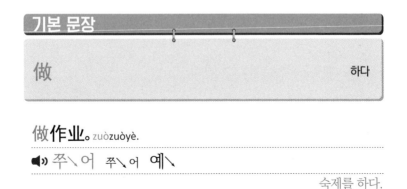

做作业。zuòzuòyè.

◀» 쭈\어 쭈\어 예\

숙제를 하다.

부정문

不 + 做　　안 하다

不做作业。 búzuòzuòyè.

🔊 부↗ 쭈↘어 쭈↘어 예↘

숙제를 안 하다.

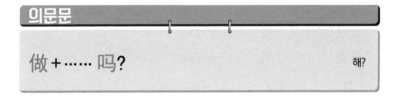

의문문

做 + …… 吗?　　해?

做作业吗? zuòzuòyèma?

🔊 쭈↘어 쭈↘어 예↘ 마?

숙제해?

2 명사 및 표현 플러스

1. 함께 쓰는 명사

做
(쭈\어)
+

饭	밥	fàn	f안\
早饭	아침밥	zǎofàn	짜∨오 f안\
晚饭	저녁밥	wǎnfàn	완∨ f안\
菜	반찬	cài	차\이
练习	연습	liànxí	리\엔 씨/
运动	운동	yùndòng	윈\ 똥\
工作	회사일	gōngzuò	꽁→ 쭈\어
家务	집안일	jiāwù	찌→아 우\
好人	좋은 사람	hǎorén	하∨오 런r/
好朋友	좋은 친구	hǎopéngyou	하∨오 펑/요우

2. 명사를 넣어 문장 만들기

아래 명사 박스에 왼쪽 페이지의 명사를 넣어 읽어 봅시다.

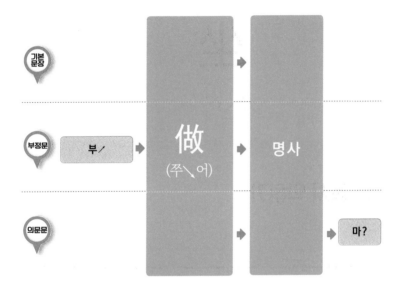

:연습하기: 아래 문장을 중국어로 말해보세요.

1. 회사일을 하다.

2. 좋은 친구를 하다. (좋은친구가 되다.)

3. 연습을 안 하다.

4. 아침밥 해?

20강

坐 zuò

쭈\어   타다 / 앉다

1 동사 익히기

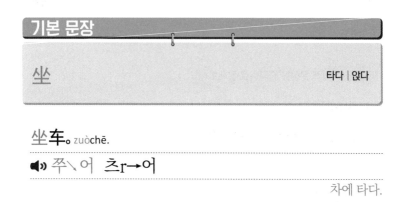

기본 문장	
坐	타다 | 앉다

坐车。 zuòchē.

🔊 쭈\어 츠r→어

차에 타다.

不 + 坐   안 타다 | 안 앉다

不坐车。búzuòchē.

◀» 부／ 쭈＼어 츠r→어

차에 안 타다.

坐 + …… 吗?   탔어? | 앉아?

坐车吗? zuòchēma?

◀» 쭈＼어 츠r→어 마?

차에 타?

2 명사 및 표현 플러스

1. 함께 쓰는 명사

坐
(쭈\어)

沙发	소파	shāfā	샤r→ f아→
椅子	의자	yǐzi	이∨쯔
飞机	비행기	fēijī	f에→이 찌→
座位	좌석	zuòwèi	쭈\어 웨\이
头等舱	퍼스트 클래스	tóuděngcāng	토↗우 떵∨ 창→
公务舱	비즈니스 클래스	gōngwùcāng	꽁→ 우\창→
经济舱	이코노미 클래스	jīngjìcāng	찡→ 찌\ 창→
前面	앞쪽	qiánmiàn	치↗엔 미\엔
中间	중간	zhōngjiān	쫑r→ 찌→엔
后面	뒷쪽	hòumiàn	호\우 미\엔

2. 명사를 넣어 문장 만들기

아래 명사 박스에 왼쪽 페이지의 명사를 넣어 읽어 봅시다.

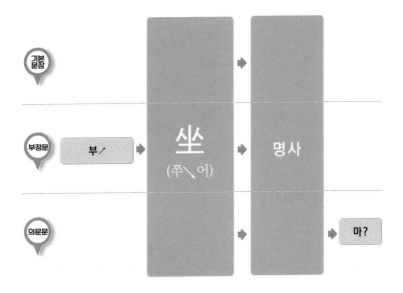

:연습하기: 아래 문장을 중국어로 말해보세요.

1. 비즈니스 클래스에 앉다.

2. 뒷쪽에 안 앉다.

3. 소파에 앉아?

4. 의자에 앉아.

21강

上 shàng

샹r↘ 다니다 / 오르다

1 동사 익히기

기본 문장

上 다니다 | 오르다

上大学。 shàngdàxué.

◀» 샹r↘ 따↘슈↗에

대학교를 다니다.

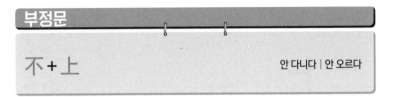

부정문

不 + 上

안 다니다 | 안 오르다

不上大学。búshàngdàxué.

◀» 부╱ 샹r╲ 따╲ 슈╱에

대학교를 안 다니다.

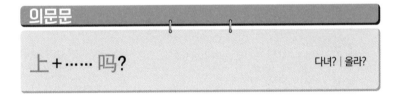

의문문

上 + ⋯⋯ 吗?

다녀? | 올라?

上大学吗? shàngdàxuéma?

◀» 샹r╲ 따╲ 슈╱에 마?

대학교 다녀?

93

2 명사 및 표현 플러스

1. 함께 쓰는 명사

上
(샹r＼)

+

学	학교	xué	슈／에
小学	초등학교	xiǎoxué	시∨아오 슈／에
中学	중학교	zhōngxué	쫑r→ 슈／에
高中	고등학교	gāozhōng	까→오 쫑r→
班	근무	bān	빤→
课	수업	kè	크＼어
法语课	프랑스어 수업	fǎyǔkè	f아／ 위∨ 크＼어
西班牙语课	스페인어 수업	xībānyáyǔkè	시→빤→야／위∨ 크＼어
化学课	화학 수업	huàxuékè	후＼아 슈／에 크＼어
历史课	역사 수업	lìshǐkè	리＼ 실r∨ 크＼어

2. 명사를 넣어 문장 만들기

아래 명사 박스에 왼쪽 페이지의 명사를 넣어 읽어 봅시다.

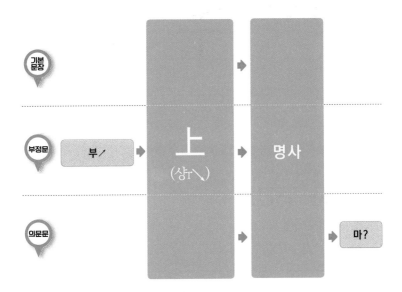

:연습하기: 아래 문장을 중국어로 말해보세요.

1. 고등학교에 다니다.

2. 프랑스어 수업을 안 다니다.

3. 초등학교에 다니다.

4. 출근 해? (근무 해?)

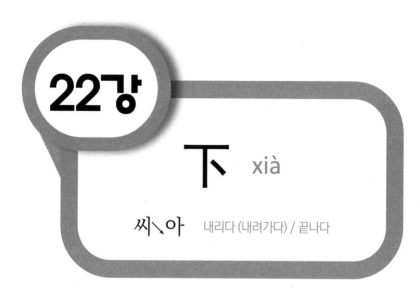

22강

下 xià

씨ヽ아   내리다 (내려가다) / 끝나다

1 동사 익히기

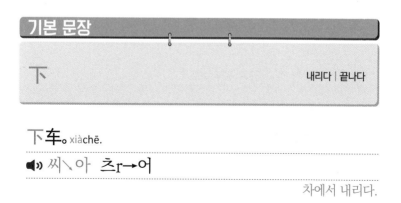

기본 문장

下   내리다 | 끝나다

下车。xiàchē.

◀》 씨ヽ아 츠r→어

차에서 내리다.

부정문

不 + 下

안 내리다 | 안 끝나다

不下车。búxiàchē.

◀» 부╱ 씨╲아 츠r→어

차에서 안 내리다.

의문문

下 + ······ 吗?

내려? | 끝나?

下车吗? xiàchēma?

◀» 씨╲아 츠r→어 마?

차에서 내려?

2 명사 및 표현 플러스

1. 함께 쓰는 명사

下
(씨\아) +

山	산	shān	샨r→
马	말	mǎ	마∨
飞机	비행기	fēijī	f에→이 찌→
楼	건물	lóu	로╱우
楼梯	계단	lóutī	로╱우 티→
电梯	엘리베이터	diàntī	띠\엔 티→
地铁	지하철	dìtiě	띠\ 티∨에
雪	눈	xuě	슈∨에
雨	비	yǔ	위∨
冰雹	우박	bīngbáo	삥→ 바╱오

2. 명사를 넣어 문장 만들기

아래 명사 박스에 왼쪽 페이지의 명사를 넣어 읽어 봅시다.

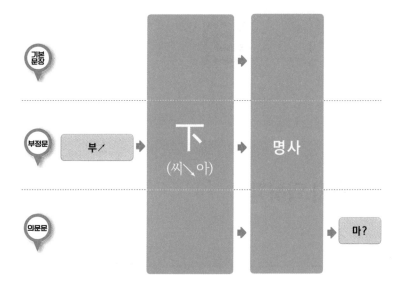

:연습하기: 아래 문장을 중국어로 말해보세요.

1. 비행기에서 내려?

2. 눈 내려.

3. 우박 안 내려.

4. 건물에서 내려가?

23강

回 huí

후↗웨이 돌다(돌아가다)

1 동사 익히기

기본 문장		
回		돌아가다

回家。huíjiā.

◀» 후↗웨이 찌→아

집에 돌아가다.

不 + 回   안 돌아가다

不回家。 bùhuíjiā.

◀» 뿌╲ 후╱웨이 찌→아

집에 안 돌아가다.

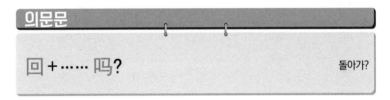

回 + …… 吗?   돌아가?

回家吗? huíjiāma?

◀» 후╱웨이 찌→아 마?

집에 돌아가?

2 명사 및 표현 플러스

1. 함께 쓰는 명사

回

(후╱웨이)

+

故乡	고향	gùxiāng	꾸╲ 씨→앙
头	머리	tóu	토╱우
国	국가	guó	구╱어
信	편지	xìn	씬╲
短信	문자 메시지	duǎnxìn	두∨안 씬╲
忆	추억	yì	이╲
菲律宾	필리핀	fēilǜbīn	f에→이 뤼╲빈→
印度	인도	yìndù	인╲ 뚜╲
越南	베트남	yuènán	위╲에 난╱
新加坡	싱가폴	xīnjiāpō	씬→ 지→아 포→어

102

2. 명사를 넣어 문장 만들기

아래 명사 박스에 왼쪽 페이지의 명사를 넣어 읽어 봅시다.

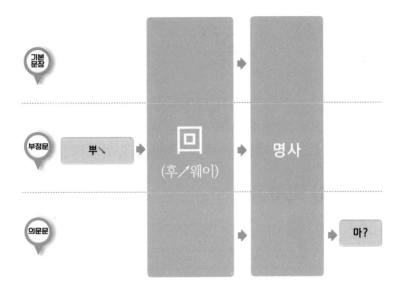

:연습하기: 아래 문장을 중국어로 말해보세요.

1. 추억을 회상하다.

2. 싱가폴에 돌아가다.

3. 편지를 회신 안 하다.

4. 고향에 돌아가?

24강

买 mǎi

마∨이 사다

1 동사 익히기

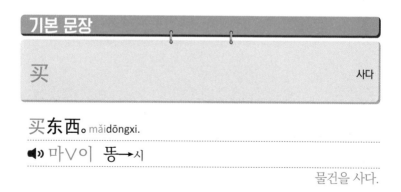

기본 문장	
买	사다

买东西。mǎidōngxi.

◀» 마∨이 똥→시

물건을 사다.

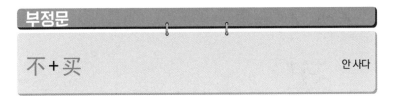

부정문

不＋买 안 사다

不买东西。 bùmǎidōngxi.

🔊 뿌＼ 마∨이 똥→시

물건을 안 사다.

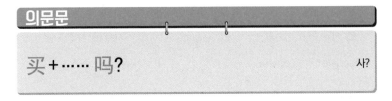

의문문

买＋…… 吗? 사?

买东西吗? mǎidōngxima?

🔊 마∨이 똥→시 마?

물건 사?

105

2 명사 및 표현 플러스

1. 함께 쓰는 명사

买
(마∨이)

票	표	piào	피\아오
剪刀	가위	jiǎndāo	지∨엔 따→오
胶带	테이프	jiāodài	찌→아→오 따\이
水果	과일	shuǐguǒ	슈r✓웨이 구∨어
蛋糕	케이크	dàngāo	딴\ 까→오
柜子	수납장 / 장롱	guìzi	꾸\이쯔
电脑	컴퓨터	diànnǎo	띠\엔 나∨오
家具	가구	jiājù	찌→아 쮜\
化妆品	화장품	huàzhuāngpǐn	후\아 쭈r→앙 핀∨
床	침대	chuáng	추r✓앙

2. 명사를 넣어 문장 만들기

아래 명사 박스에 왼쪽 페이지의 명사를 넣어 읽어 봅시다.

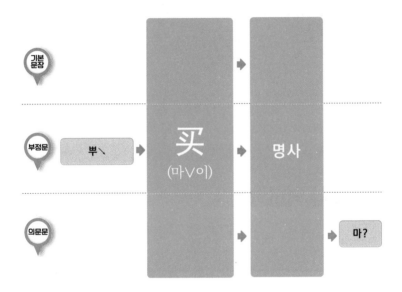

:연습하기: 아래 문장을 중국어로 말해보세요.

1. 과일을 사다.

2. 화장품 사?

3. 침대를 안 사다.

4. 케이크를 사다.

25강

卖 mài

마\이 팔다

1 동사 익히기

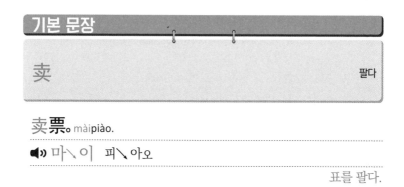

기본 문장

卖 팔다

卖票。 màipiào.

◀》 마\이 피\아오

표를 팔다.

不 + 卖   안 팔다

不卖票。 búmàipiào.

◀» 부╱ 마╲이 피╲아오

표를 안 팔다.

卖 + …… 吗?   팔아?

卖票吗? màipiàoma?

◀» 마╲이 피╲아오 마?

표 팔아?

2 명사 및 표현 플러스

1. 함께 쓰는 명사

卖
(마\이) +

房	방	fáng	f아╱앙
酒	술	jiǔ	지∨어우
饮料	음료	yǐnliào	인∨ 리\아오
点心	간식	diǎnxin	디∨엔 신
被子	이불	bèizi	뻬\이쯔
镜子	거울	jìngzi	찡\쯔
冰箱	냉장고	bīngxiāng	삥→ 씨→앙
微波炉	전자레인지	wēibōlú	웨→이 뽀→어 루╱
高跟鞋	하이힐	gāogēnxié	까→오 껀→ 씨╱에
拖鞋	슬리퍼	tuōxié	투→오 씨╱에

2. 명사를 넣어 문장 만들기

아래 명사 박스에 왼쪽 페이지의 명사를 넣어 읽어 봅시다.

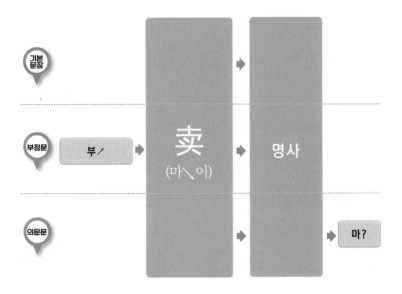

:연습하기: 아래 문장을 중국어로 말해보세요.

1. 냉장고를 팔다.

2. 슬리퍼를 안 팔다.

3. 거울 팔아요?

4. 술 안 팔아.

26강

给 gěi

게∨이 주다

1 동사 익히기

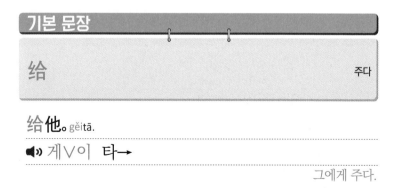

기본 문장

给 주다

给他。 gěitā.

◀» 게∨이 타→

그에게 주다.

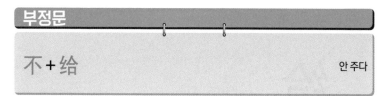

부정문

不 + 给   안 주다

不给他。 bùgěitā.

◀» 뿌＼ 게∨이 타→

그에게 안 주다.

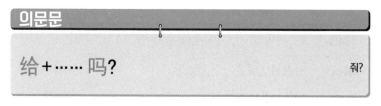

의문문

给 + …… 吗?   쥐?

给他吗? gěitāma?

◀» 게∨이 타→ 마?

그에게 쥐?

113

2 명사 및 표현 플러스

1. 함께 쓰는 명사

他们	그들	tāmen	타→면
你们	너희들	nǐmen	니∨면
叔叔	아저씨 / 삼촌	shūshu	슈r→슈r
阿姨	아주머니 / 이모	āyí	아→ 이↗
姑姑	고모	gūgu	꾸→구
奶奶	할머니	nǎinai	나∨이나이
爷爷	할아버지	yéye	예↗예
父母	부모님	fùmǔ	f우↘ 무∨
司机	기사	sījī	쓰→ 찌→
售货员	판매원	shòuhuòyuán	쇼r↘우 후↘어 위↗엔

2. 명사를 넣어 문장 만들기

아래 명사 박스에 왼쪽 페이지의 명사를 넣어 읽어 봅시다.

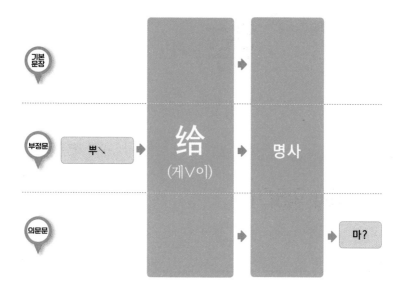

:연습하기: 아래 문장을 중국어로 말해보세요.

1. 부모님 드려. (부모님 줘.)

2. 삼촌 안 줘.

3. 할머니 드려?

4. 판매원에게 줘?

27강

等 děng

덩∨   기다리다

1 동사 익히기

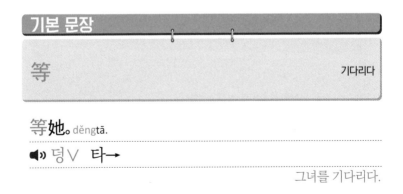

기본 문장	
等	기다리다

等她。 děngtā.

◀» 덩∨ 타→

그녀를 기다리다.

不 + 等   안 기다리다

不等**她**。 bùděngtā.

◀» 뿌＼ 덩∨ 타→

그녀를 안 기다리다.

等 + ······ 吗?   기다려?

等**她**吗? děngtāma?

◀» 덩∨ 타→ 마?

그녀를 기다려?

2 명사 및 표현 플러스

1. 함께 쓰는 명사

等
(덩∨)
+

我们	우리	wǒmen	워∨먼
她们	그녀들	tāmen	타→먼
爸爸	아빠	bàba	빠↘바
朋友	친구	péngyou	펑↗요우
客户	손님	kèhù	크↘어 후↘
护士	간호사	hùshi	후↘실r
同屋	룸메이트	tóngwū	통↗ 우→
消息	소식	xiāoxi	씨→아→오시
短信	문자 메시지	duǎnxìn	두∨안 씬↘
顺序	차례, 순서	shùnxù	슌r↘ 쉬↘

2. 명사를 넣어 문장 만들기

아래 명사 박스에 왼쪽 페이지의 명사를 넣어 읽어 봅시다.

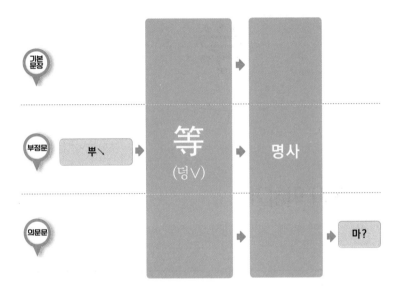

:연습하기: 아래 문장을 중국어로 말해보세요.

1. 간호사를 기다리다.

2. 아빠를 기다려.

3. 소식을 기다려?

4. 룸메이트를 안 기다리다.

28강

学 xué

슈⁄에 배우다

1 동사 익히기

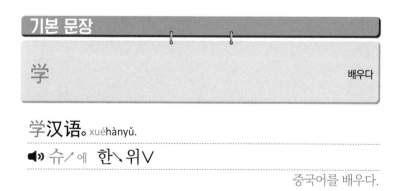

기본 문장

学   배우다

学汉语。xuéhànyǔ.

🔊 슈⁄에 한╲ 위∨

중국어를 배우다.

不+学   안 배우다

不学汉语。bùxuéhànyǔ.

🔊 뿌﹨ 슈╱에 한﹨위∨

중국어를 안 배우다.

学+…… 吗?   배워?

学汉语吗? xuéhànyǔma?

🔊 슈╱에 한﹨위∨ 마?

중국어 배워?

2 명사 및 표현 플러스

1. 함께 쓰는 명사

学
(슈╱에) +

西班牙语	스페인어	xībānyáyǔ	씨→ 빤→ 야╱ 위∨
法语	프랑스어	fǎyǔ	f아╱ 위∨
阿拉伯语	아랍어	ālābóyǔ	아→ 라→ 뽀╱어 위∨
数学	수학	shùxué	슈r╲ 슈╱에
画画	미술	huàhuà	후╲아 후╲아
游泳	수영	yóuyǒng	요╱우 용∨
跆拳道	태권도	tāiquándào	타→이 추╱엔 따╲오
太极拳	태극권	tàijíquán	타╲이 지╱ 추╱엔
计算机	컴퓨터	jìsuànjī	찌╲ 쑤╲완 찌→
舞蹈	춤	wǔdǎo	우╱ 다∨오

2. 명사를 넣어 문장 만들기

아래 명사 박스에 왼쪽 페이지의 명사를 넣어 읽어 봅시다.

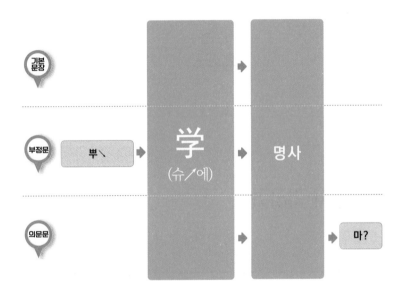

:연습하기: 아래 문장을 중국어로 말해보세요.

1. 태극권을 안 배우다.

2. 춤을 배웠어?

3. 수영 배웠어.

4. 수학 배워.

29강

拿 ná

나╱ 들다

1 동사 익히기

기본 문장	
拿	들다

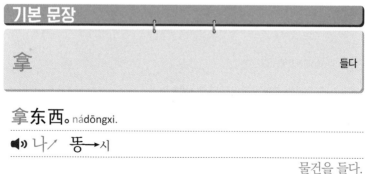

拿东西。 nádōngxi.

◀》 나╱ 똥→시

물건을 들다.

부정문

不 + 拿   안 들다

不拿东西。 bùnádōngxi.

◀» 뿌＼ 나／ 똥→시

물건을 안 들다.

과거문

拿 + ······ 了   들었다

拿东西了。 nádōngxile.

◀» 나／ 똥→시 러

물건을 들었다.

의문문

拿 + ······ 了吗?   들었어?

拿东西了吗? nádōngxilema?

◀» 나／ 똥→시 러마?

물건 들었어?

125

2 명사 및 표현 플러스

1. 함께 쓰는 명사

拿
(나↗)

+

手机	핸드폰	shǒujī	쇼r∨우 찌→
课本	교과서	kèběn	크↘어 번∨
本子	공책	běnzi	번∨쯔
书包	책가방	shūbāo	슈r→ 빠→오
手提包	핸드백	shǒutíbāo	쇼r∨우 티↗ 빠→오
笔	필기도구	bǐ	비∨이
勺子	숟가락	sháozi	샤r↗오쯔
桌子	책상	zhuōzi	쭈r→어쯔
椅子	의자	yǐzi	이∨쯔
汤	국 / 탕	tāng	탕→

TIP 拿 는 '꺼내다' '내오다' 라는 의미로도 사용합니다.
拿手机 핸드폰을 꺼내다. 我来拿吧! 내가 꺼내 올게!

2. 명사를 넣어 문장 만들기

아래 명사 박스에 왼쪽 페이지의 명사를 넣어 읽어 봅시다.

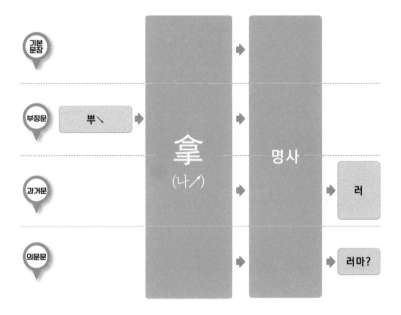

:연습하기: 아래 문장을 중국어로 말해보세요.

  1. 숟가락 들어.

  2. 필기도구 꺼내.

  3. 교과서를 안 꺼내다.

  4. 핸드폰 꺼냈어.

30강

带 dài

따\이   데리다(데리고 있다) / 지니다

1 동사 익히기

기본 문장	
带	데리고 있다 | 지니다

带孩子。dàiháizi.

◀» 따\이 하/이쯔

아이를 데리고 있다.

不 + 带   안 데리고 있다 | 안 지니다

不带孩子。 búdàiháizi.

◀» 부／ 따＼이 하／이쯔

아이를 안 데리고 있다.

带 + ······ 了   데리고 있었다 | 지니고 있었다

带孩子了。 dàiháizile.

◀» 따＼이 하／이쯔 러

아이를 데리고 있었다.

带 + ······ 了吗?   데리고 있었어? | 지니고 있었어?

带孩子了吗? dàiháizilema?

◀» 따＼이 하／이쯔 러마?

아이를 데리고 있었어?

129

2 명사 및 표현 플러스

1. 함께 쓰는 명사

帶
+

(따ヽ이)

1) ~데리고 / ~데리고 있다

我	나	wǒ	워∨
朋友	친구	péngyou	펑╱요우
群众	관중	qúnzhòng	췐╱ 쫑rヽ
男朋友	남자친구	nánpéngyou	난╱ 펑╱요우
女朋友	여자친구	nǚpéngyou	뉘∨ 펑╱요우

2) ~지니다

书	책	shū	슈r→
手机	핸드폰	shǒujī	쇼r∨우 찌→
钱包	지갑	qiánbāo	치╱엔 빠→오
护照	여권	hùzhào	후ヽ 짜rヽ오
信用卡	신용 카드	xìnyòngkǎ	씬ヽ 용ヽ 카∨

2. 명사를 넣어 문장 만들기

아래 명사 박스에 왼쪽 페이지의 명사를 넣어 읽어 봅시다.

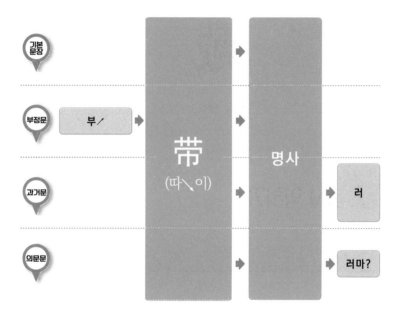

:연습하기: 아래 문장을 중국어로 말해보세요.

1. 책 지녔어? (책 가져왔어?)

2. 핸드폰 지녔어. (핸드폰 가져왔어.)

3. 남자친구 데리고 있어? (남자친구랑 같이 와?)

4. 나 데리고 (가.)

1 동사 익히기

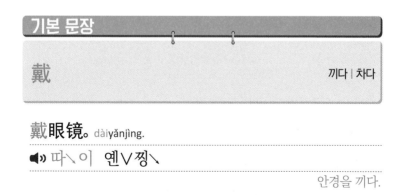

戴眼镜。dàiyǎnjìng.

◀» 따\이 옌∨찡\

안경을 끼다.

不 + 戴   안 끼다 | 안 차다

不戴眼镜。búdàiyǎnjìng.

◀» 부✓ 따\이 옌∨찡\

안경을 안 끼다.

戴 + ······ 了   꼈다 | 찼다

戴眼镜了。dàiyǎnjìngle.

◀» 따\이 옌∨찡\ 러

안경을 꼈다.

戴 + ······ 了吗?   꼈어? | 찼어?

戴眼镜了吗? dàiyǎnjìnglema?

◀» 따\이 옌∨찡\ 러마?

안경 꼈어?

2 명사 및 표현 플러스

1. 함께 쓰는 명사

戴
(따\이) +

手表	손목시계	shǒubiǎo	쇼r╱우 비∨아오
手链	팔찌	shǒuliàn	쇼r∨우 리\엔
帽子	모자	màozi	마\오쯔
口罩	마스크	kǒuzhào	코∨우 짜r\오
手套	장갑	shǒutào	쇼r∨우 타\오
太阳镜	선글라스	tàiyǎnjìng	타\이 옌∨ 찡\
项链	목걸이	xiàngliàn	씨\앙 리\엔
戒指	반지	jièzhi	찌\에 즐r
耳环	귀걸이	ěrhuán	얼r∨ 후╱안
耳机	이어폰	ěrjī	얼r∨ 찌→

2. 명사를 넣어 문장 만들기

아래 명사 박스에 왼쪽 페이지의 명사를 넣어 읽어 봅시다.

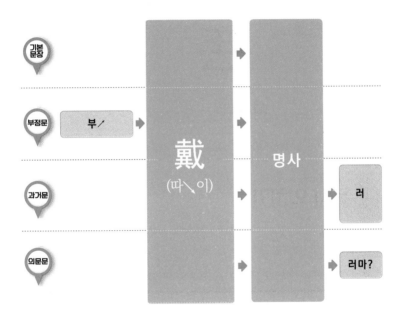

:연습하기: 아래 문장을 중국어로 말해보세요.

1. 선글라스 꼈어.

2. 귀걸이를 끼다.

3. 장갑을 안 끼다.

4. 모자 썼어?

32강

丢 diū

띠→우 잃다(잃어버리다)

1 동사 익히기

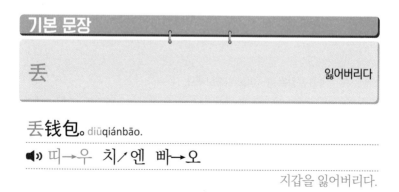

기본 문장

丢   잃어버리다

丢钱包。diūqiánbāo.

◀» 띠→우 치／엔 빠→오

지갑을 잃어버리다.

136

不 + 丢

안 잃어버리다

不丢钱包。bùdiūqiánbāo.

◀» 뿌＼ 띠→우 치／엔 빠→오

지갑을 안 잃어버리다.

丢 + …… 了

잃어버렸다

丢钱包了。diūqiánbāole.

◀» 띠→우 치／엔 빠→오 러

지갑을 잃어버렸다.

丢 + …… 了吗?

잃어버렸어?

丢钱包了吗? diūqiánbāolema?

◀» 띠→우 치／엔 빠→오 러마?

지갑 잃어버렸어?

2 명사 및 표현 플러스

1. 함께 쓰는 명사

丢
(띠→우) +

手机	핸드폰	shǒujī	쇼r∨우 찌→
护照	여권	hùzhào	후↘ 짜r↘오
钥匙	열쇠	yàoshi	야↘오쉴r
眼镜	안경	yǎnjìng	옌∨ 찡↘
手链	팔찌	shǒuliàn	쇼r∨우 리↘엔
项链	목걸이	xiàngliàn	씨↘앙 리↘엔
行李	짐 / 여행 가방	xíngli	씽╱리
书包	책가방	shūbāo	슈r→ 빠→오
橡皮	지우개	xiàngpí	씨↘앙 피╱
孩子	아이	háizi	하╱이쯔

2. 명사를 넣어 문장 만들기

아래 명사 박스에 왼쪽 페이지의 명사를 넣어 읽어 봅시다.

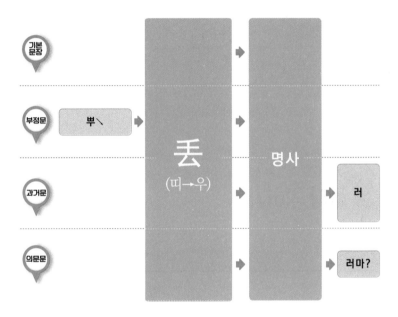

:연습하기: 아래 문장을 중국어로 말해보세요.

1. 짐 잃어버렸어.

2. 팔찌 안 잃어버려.

3. 열쇠 잃어버렸어?

4. 지우개 잃어버리다.

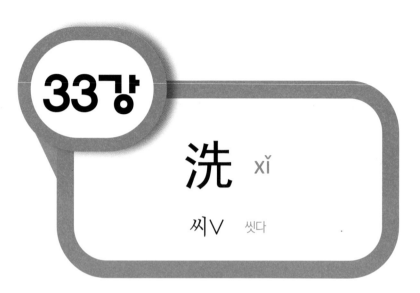

33강

洗 xǐ

씨∨ 씻다

1 동사 익히기

기본 문장

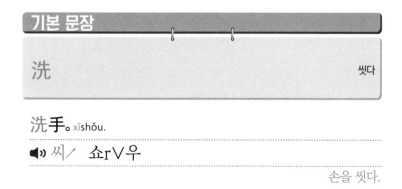

洗 　　　　　　　　　　　　씻다

洗手。xǐshǒu.

🔊 씨╱ 쇼r∨우

손을 씻다.

不 + 洗 　　　　　　　　　안 씻다

不洗手。bùxǐshǒu.

🔊 뿌\ 씨/ 쇼rV우

손을 안 씻다.

洗 + …… 了 　　　　　　　　씻었다

洗手了。xǐshǒule.

🔊 씨/ 쇼rV우 러

손을 씻었다.

洗 + …… 了吗? 　　　　　　씻었어?

洗手了吗? xǐshǒulema?

🔊 씨/ 쇼rV우 러마?

손 씻었어?

2 명사 및 표현 플러스

1. 함께 쓰는 명사

洗
(씨∨)
+

脸	얼굴	liǎn	리∨엔
脚	발	jiǎo	지∨아오
头发	머리카락	tóufa	토╱우 f아
胳膊	팔	gēbo	끄→어 보
后背	등	hòubèi	호╲우 뻬╲이
腿	다리	tuǐ	투∨이
澡	목욕	zǎo	쟈∨오
碗	그릇	wǎn	완∨
筷子	젓가락	kuàizi	콰╲이 쯔
抹布	행주 / 걸레	mābù	마→ 뿌╲

2. 명사를 넣어 문장 만들기

아래 명사 박스에 왼쪽 페이지의 명사를 넣어 읽어 봅시다.

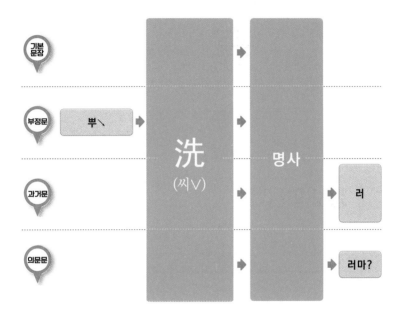

:연습하기: 아래 문장을 중국어로 말해보세요.

1. 발 씻어.

2. 목욕 안 해.

3. 머리카락 씻었어? (머리 감았어?)

4. 행주 씻었어. (행주 빨았어.)

34강

穿 chuān

촨r→ 입다

1 동사 익히기

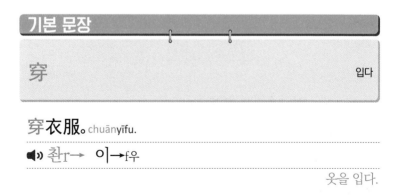

기본 문장

| 穿 | 입다 |

穿衣服。chuānyīfu.

◀» 촨r→ 이→f우

옷을 입다.

不 + 穿   안 입다

不穿衣服。bùchuānyīfu.

◀» 뿌\ 촨r→ 이→f우

옷을 안 입다.

穿 + ······ 了   입었다

穿衣服了。chuānyīfule.

◀» 촨r→ 이→f우 러

옷을 입었다.

穿 + ······ 了吗?   입었어?

穿衣服了吗? chuānyīfulema?

◀» 촨r→ 이→f우 러마?

옷 입었어?

2 명사 및 표현 플러스

1. 함께 쓰는 명사

穿 +

(촨r→)

内衣	속옷	nèiyī	네＼이 이→
外套	외투	wàitào	와＼이 타＼오
袜子	양말	wàzi	와＼쯔
鞋子	신발	xiézi	씨／에쯔
裤子	바지	kùzi	쿠＼쯔
短裤	반바지	duǎnkù	두∨완 쿠＼
西服	양복	xīfú	시→ f우／
衬衫	셔츠	chènshān	천r＼ 샨r→
裙子	치마	qúnzi	췬／쯔
羽绒服	다운재킷	yǔróngfú	위∨ 롱／ f우／

2. 명사를 넣어 문장 만들기

아래 명사 박스에 왼쪽 페이지의 명사를 넣어 읽어 봅시다.

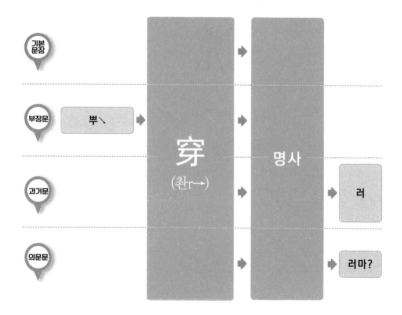

:연습하기: 아래 문장을 중국어로 말해보세요.

1. 양복 입어.

2. 치마 안 입어.

3. 외투 입어?

4. 양말 신었어?

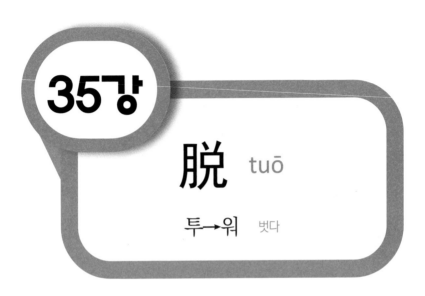

35강

脱 tuō

투→워 벗다

1 동사 익히기

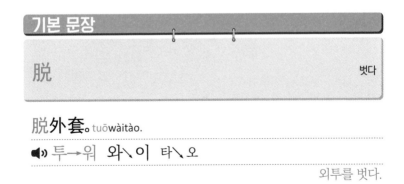

기본 문장

脱   벗다

脱**外套**。tuōwàitào.

🔊 투→워 와↘이 타↘오

외투를 벗다.

不 + 脱

안 벗다

不脱外套。bùtuōwàitào.

◀》 뿌＼ 투→워 와＼이 타＼오

외투를 안 벗다.

脱 + …… 了

벗었다

脱外套了。tuōwàitàole.

◀》 투→워 와＼이 타＼오 러

외투를 벗었다.

脱 + …… 了吗?

벗었어?

脱外套了吗? tuōwàitàolema?

◀》 투→워 와＼이 타＼오 러마?

외투 벗지 않았어?

2 명사 및 표현 플러스

1. 함께 쓰는 명사

脱
(투→어) +

旗袍	치파오	qípáo	치╱ 파╱ 오
T恤衫	티셔츠	T xùshān	티 쉬╲ 샨r→
毛衣	스웨터	máoyī	마╱ 오 이→
睡衣	잠옷	shùiyī	슈r╲ 웨이 이→
长裤	긴 바지	chángkù	창r╱ 쿠╲
连衣裙	원피스	liányīqún	리╱엔 이→ 췐╱
皮夹克	가죽 재킷	píjiákè	피╱ 찌╱아 크╲어
人字拖	쪼리	rénzìtuō	런r╱ 쯔╲ 투→어
靴子	장화	xuēzi	슈→에쯔
凉鞋	샌들	liángxié	리╱앙 씨╱에

2. 명사를 넣어 문장 만들기

아래 명사 박스에 왼쪽 페이지의 명사를 넣어 읽어 봅시다.

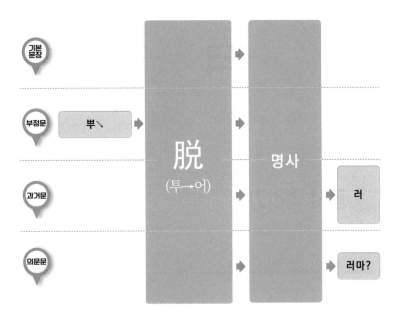

:연습하기: 아래 문장을 중국어로 말해보세요.

1. 티셔츠 안 벗어.

2. 샌들 벗어.

3. 치파오 벗었어?

4. 장화 벗었어.

36강

当 dāng

땅→ 되다

1 동사 익히기

기본 문장

| 当 | 되다 |

当老师。 dānglǎoshī.

🔊 땅→ 라∨오 실r→

선생님이 되다.

不 + 当   안 되다

不当**老师**。 bùdāng**lǎoshī**.

🔊 뿌＼ 땅→ 라∨오 실r→

선생님이 안 되다.

当 + ······ 了   되었다

当**老师**了。 dāng**lǎoshī**le.

🔊 땅→ 라∨오 실r→ 러

선생님이 되었다.

当 + ······ 了吗?   되었어?

当**老师**了吗? dāng**lǎoshī**lema?

🔊 땅→ 라∨오 실r→ 러마?

선생님이 되었어?

2 명사 및 표현 플러스

1. 함께 쓰는 명사

当
(땅→) +

学生	학생	xuésheng	슈／에 셩r
妈妈	엄마	māma	마→마
爸爸	아빠	bàba	빠＼바
班长	반장	bānzhǎng	빤→ 장r∨
校长	교장	xiàozhǎng	씨＼아오 장r∨
院长	원장	yuànzhǎng	위＼엔 장r∨
代表	대표	dàibiǎo	따＼이 비∨아오
老板	사장	lǎobǎn	라／오 반∨
部长	부장	bùzhǎng	뿌＼ 장r∨
科长	과장	kēzhǎng	크→어 장r∨

2. 명사를 넣어 문장 만들기

아래 명사 박스에 왼쪽 페이지의 명사를 넣어 읽어 봅시다.

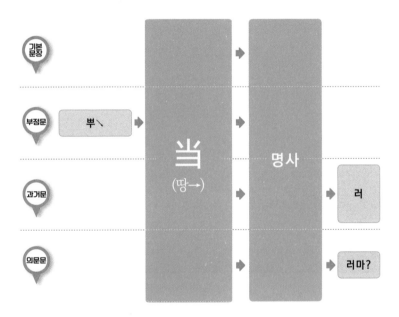

:연습하기: 아래 문장을 중국어로 말해보세요.

1. 반장 안 해.

2. 과장 됐어?

3. 엄마 됐어.

4. 부장 돼.

37강

换 huàn

환\ 바꾸다

1 동사 익히기

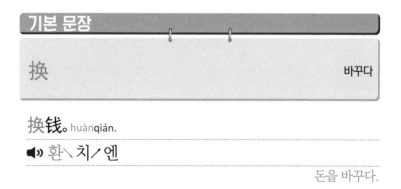

기본 문장

换 바꾸다

换钱。huànqián.

◀» 환\ 치✓엔

돈을 바꾸다.

不 + 换   안 바꾸다

不换钱。 búhuànqián.

🔊 부↗ 환↘ 치↗ 엔

돈을 안 바꾸다.

换 + …… 了   바꿨다

换钱了。 huànqiánle.

🔊 환↘ 치↗ 엔 러

돈을 바꿨다.

换 + …… 了吗?   바꿨어?

换钱了吗? huànqiánlema?

🔊 환↘ 치↗ 엔 러마?

돈 바꿨어?

157

2 명사 및 표현 플러스

1. 함께 쓰는 명사

换
(환\) +

乘	(교통수단을) 타다	chéng	청r✓
座	자리	zuò	쭈\어
灯	등	dēng	떵→
空气	공기	kōngqì	콩→ 치\
日期	날짜	rìqī	르r\ 치→
房子	방	fángzi	f앙✓쯔
尺码	사이즈	chǐmǎ	칠r✓ 마✓
车	차	chē	츠r→어
航班	항공편	hángbān	항✓ 빤→
颜色	색깔	yánsè	옌✓ 쓰\어

2. 명사를 넣어 문장 만들기

아래 명사 박스에 왼쪽 페이지의 명사를 넣어 읽어 봅시다.

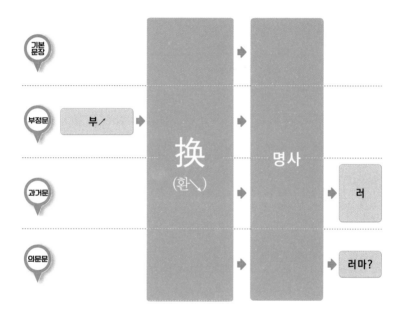

:연습하기: 아래 문장을 중국어로 말해보세요.

1. 자리 안 바꿔.

2. 색깔 바꿨어?

3. 사이즈 바꿔.

4. 날짜 바꿨어.

38강

送 sòng

쏭╲ 보내다, 전송하다 / 배웅하다

1 동사 익히기

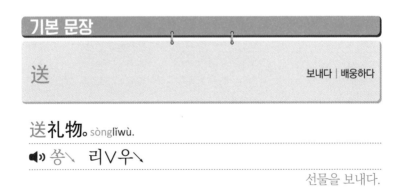

기본 문장

送   보내다 | 배웅하다

送礼物。sònglǐwù.

◀» 쏭╲ 리∨우╲

선물을 보내다.

不 + 送 　　　　　　　　　　　안 보내다 | 안 배웅하다

不送**礼物**。búsònglǐwù.

◀» 부 ／ 쏭 \ 리 ∨ 우 \

선물을 안 보내다.

送 + ······ 了 　　　　　　　　　　보냈다 | 배웅했다

送**礼物**了。sònglǐwùle.

◀» 쏭 \ 리 ∨ 우 \ 러

선물을 보냈다.

送 + ······ 了吗? 　　　　　　　　보냈어? | 배웅했어?

送**礼物**了吗? sònglǐwùlema?

◀» 쏭 \ 리 ∨ 우 \ 러마?

선물 보냈어?

2 명사 및 표현 플러스

1. 함께 쓰는 명사

送
(쏭↘)

1) 보내다, 전송하다

花	꽃	huā	후→아
餐	음식	cān	찬→
信	편지	xìn	씬↘
快递	택배	kuàidì	콰↘이 띠↘
邮件	우편	yóujiàn	요╱우 찌↘엔

2) 배웅하다

朋友	친구	péngyou	펑╱요우
孩子	아이	háizi	하╱이쯔
妹妹	여동생	mèimei	메↘이메이
弟弟	남동생	dìdi	띠↘디
客人	손님	kèren	크↘어런r

2. 명사를 넣어 문장 만들기

아래 명사 박스에 왼쪽 페이지의 명사를 넣어 읽어 봅시다.

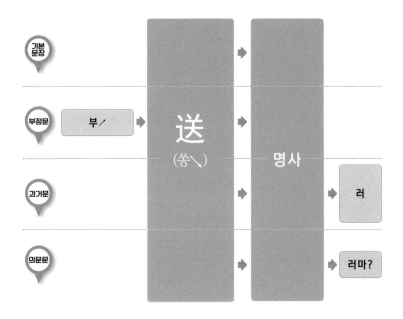

:연습하기: 아래 문장을 중국어로 말해보세요.

1. 편지 보내?

2. 친구 배웅해 줬어.

3. 손님 배웅 했어?

4. 택배 안 보내.

1 동사 익히기

기본 문장

| 发 | 보내다 \| 교부하다 |

发短信。fāduǎnxìn.

◀) f→아 두∨안 씬╲

문자메세지를 보내다.

不 + 发

안 보내다 | 안 교부하다

不发**短信**。bùfāduǎnxìn.

◀» 뿌↘ f→아 두∨안 씬↘

문자메세지를 안 보내다.

发 + …… 了

보냈다 | 교부했다

发**短信**了。fāduǎnxìnle.

◀» f→아 두∨안 씬↘ 러

문자메세지를 보냈다.

发 + …… 了吗?

보냈어? | 교부했어?

发**短信**了吗? fāduǎnxìnlema?

◀» f→아 두∨안 씬↘ 러마?

문자메세지 보냈어?

2 명사 및 표현 플러스

1. 함께 쓰는 명사

发 +

(f→아)

1) 보내다, 발송하다

信息	문자메시지	xìn xī	씬↘ 씨→
电报	전보	diànbào	띠↘엔 빠↘오
信号	신호	xìnhào	씬↘ 하↘오
货	물품	huò	후↘오
电子邮件	이메일	diànzǐyóujiàn	띠↘엔 즈∨ 요↗우 찌↘엔

2) 건네주다, 교부하다

工资	임금 / 월급	gōngzī	꽁→ 즈→
奖金	상금	jiǎngjīn	지∨앙 찐→
考卷	시험지	kǎojuàn	카∨오 쭈↘엔
作业	숙제	zuòyè	쭈↘어 예↘
票	표	piào	피↘아오

166

2. 명사를 넣어 문장 만들기

아래 명사 박스에 왼쪽 페이지의 명사를 넣어 읽어 봅시다.

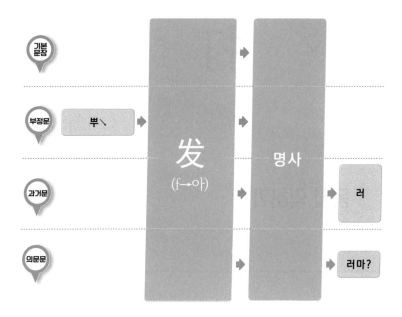

:연습하기: 아래 문장을 중국어로 말해보세요.

1. 상금 보냈어.

2. 문자 메세지 보냈어?

3. 이메일 안 보내.

4. 시험지 줬어.

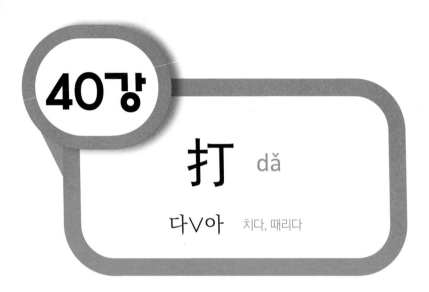

40강

打 dǎ

다∨아   치다, 때리다

1 동사 익히기

기본 문장

打   치다

打球。dǎqiú.

◀》 다∨아 치↗어우

공을 치다. (공놀이를 하다.)

부정문

不 + 打 안 치다

不打球。bùdǎqiú.

🔊 뿌↘ 다∨아 치↗어우

공을 안 치다. (공놀이를 안하다.)

과거문

打 + …… 了 쳤다

打球了。dǎqiúle.

🔊 다∨아 치↗어우 러

공을 쳤다. (공놀이를 했다.)

의문문

打 + …… 了吗? 쳤어?

打球了吗? dǎqiúlema?

🔊 다∨아 치↗어우 러마?

공을 쳤어? (공놀이 했어?)

2 명사 및 표현 플러스

1. 함께 쓰는 명사

打
(다∨아) +

1) ('공을 때리다'의 의미로 운동을) 하다 / 치다

篮球	농구	lánqiú	란╱ 치╱어우
高尔夫球	골프	gāo'ěrfūqiú	까→오 얼r∨ f우→ 치╱어우
棒球	야구	bàngqiú	빵╲ 치╱어우
羽毛球	배드민턴	yǔmáoqiú	위∨ 마╱오 치╱어우
乒乓球	탁구	pīngpāngqiú	핑→ 팡→ 치╱어우
网球	테니스	wǎngqiú	왕∨ 치╱어우
排球	배구	páiqiú	파╱이 치╱어우
冰球	하키	bīngqiú	삥→ 치╱어우

2) 때리다

어떤 대상을 때리는 행위에도 打를 사용합니다.

人	사람	rén	런r╱

170

2. 명사를 넣어 문장 만들기

아래 명사 박스에 왼쪽 페이지의 명사를 넣어 읽어 봅시다.

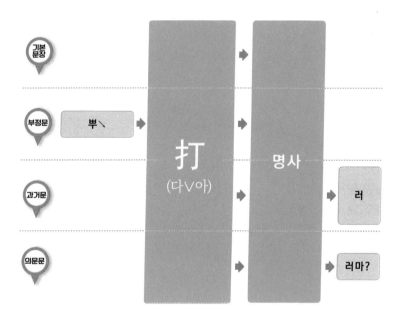

:연습하기: 아래 문장을 중국어로 말해보세요.

1. 농구 안 해.

2. 야구 했어.

3. 탁구 쳤어?

4. 사람 안 때려.

3) 打의 다른 의미를 활용한 문장

① 전화를 걸다

电话	전화	diànhuà	띠\엔 화\

위에 명시 된 단어를 보라색 칸에 넣어 읽어 봅시다.

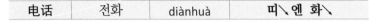

기본문장	다∨아 →	

| 부정문 | 뿌\ → | 다∨아 → | |

| 과거문 | 다∨아 → | → 러 |

| 의문문 | 다∨아 → | → 러마? |

② 우산을 쓰다

伞	우산	sǎn	싸∨안

위에 명시 된 단어를 보라색 칸에 넣어 읽어 봅시다.

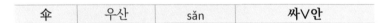

기본문장	다∨아 →	

| 부정문 | 뿌\ → | 다∨아 → | |

| 과거문 | 다∨아 → | → 러 |

| 의문문 | 다∨아 → | → 러마? |

172